NOUVEL ALPHABET
DES ANIMAUX,
Orné de 14 gravures.

PARIS,
LE BAILLY, LIBRAIRE,
27, quai des Augustins.

NOUVEL ALPHABET DES ANIMAUX,

orné de 14 gravures.

PARIS,
LE BAILLY, LIBRAIRE,
27, quai des Augustins.

1851

— 3 —

✠ A B C

D E F G

H I J K L

M N O P

QRST
UVWX
YZÇÉ
ÆOE.

a b c d e f g h
i j k l m n o p
q r s t u v x y z
w ç é à è â ê î ô û

0 1 2 3 4 5 6 7 8 9

I II III IV V VI VII VIII IX
X XI XII XIII XIV XV XVI

a	e	i	o	u
ba	be	bi	bo	bu
ca	ce	ci	co	cu
da	de	di	do	du
fa	fe	fi	fo	fu
ga	ge	gi	go	gu
ha	he	hi	ho	hu
ja	je	ji	jo	ju
ka	ke	ki	ko	ku
la	le	li	lo	lu

ma	me	mi	mo	mu
na	ne	ni	no	nu
pa	pe	pi	po	pu
ra	re	ri	ro	ru
sa	se	si	so	su
ta	te	ti	to	tu
va	ve	vi	vo	vu
xa	xe	xi	xo	xu
za	ze	zi	zo	zu

ANE.

L'Ane est très-utile aux habitans des campagnes, qui sont souvent trop pauvres pour suffire aux besoins d'un cheval; l'âne est naturellement doux, soumis et frugal, il porte de très-grands fardeaux, et souffre avec patience les plus durs traitemens.

ÉLÉPHANT.

Le corps de l'Éléphant est gros et court; ses yeux sont petits à raison de la grosseur de sa tête et de la largeur de ses oreilles. Il est sensible aux bons et aux mauvais traitemens. L'Éléphant habite principalement l'Asie et l'Afrique.

HYÈNE.

L'Hyène ressemble un peu au loup, mais son corps est plus court et plus ramassé. Cet animal est naturellement féroce; quelquefois il attaque les hommes. Ses yeux brillans font croire qu'il y voit mieux la nuit que le jour.

LION.

La couleur du Lion est fauve sur le dos et blanche sous le ventre. Les Lions de plus grande taille ont environ 8 pieds de longueur depuis le nez jusqu'à l'origine de la queue. Le Lion a beaucoup de reconnaissance pour les personnes qui lui font du bien.

MOINEAU.

Ce petit oiseau est fort incommode parce qu'il fait tort aux grains, aussi bien dans les greniers et les granges que dans les campagnes. Il s'apprivoise facilement et s'attache à ceux qui lui donnent sa nourriture.

OURS.

L'Ours est un animal sauvage dont la tête a quelque rapport avec celle du loup. Il y a des Ours bruns et noirs; il y en a aussi de blancs qui habitent les côtes de la mer du Nord. Ces derniers n'ont jamais pu se familiariser avec notre climat.

PIGEON.

Le Pigeon est un bel oiseau, très familier, qui vole parfaitement et qui multiplie beaucoup. Il s'habitue bien à vivre dans un colombier et s'attache souvent aux personnes qui l'ont élevé.

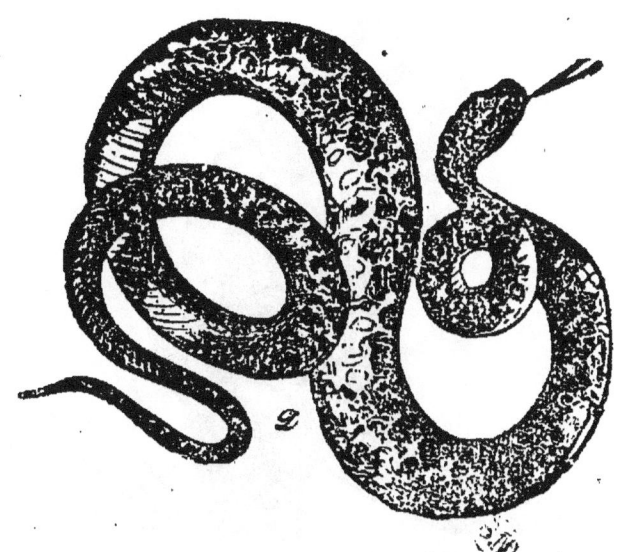

SERPENT.

Le Serpent est un reptile très dangereux, qui habite principalement l'Amérique et l'Afrique. Il a sous la langue une petite vessie qui contient le poison qu'il **communique avec sa morsure.**

VAUTOUR.

Le Vautour est un grand oiseau de proie dont on distingue plusieurs espèces. Quelques-uns égalent les aigles en grandeur. Il est ordinairement d'un gris cendré.

Imprimerie de Pommeret et Moreau. quai des Augustins, 17.

CHAMEAU.

TIGRE.

Imp. de Pommeret et Moreau, quai des Augustins, 17.

www.ingramcontent.com/pod-product-compliance
Lightning Source LLC
Chambersburg PA
CBHW071433060426
42450CB00009BA/2159